JN418479

꽃별이 되어라

Prologue

우리는

내가 밤을 갈아
시를 쓸 때
당신은 셔터 소리로
새벽을 엽니다
서로 손잡고
아름다운 삶을 위해
한 발 한 발
나아가는 시간
나이를 갈아
꿈을 빚는 우리는
세월을 뜨개질하는
만년소녀 만년소년입니다

-소민과 라휘의
시와 사진이 있는 풍경-

Contents

Part 3 새벽 두 시 94

Part 4 손을 잡고 136

Contents

새로운 시작은
언제나 설렌다

–

[새로운 시작] 전문

Part 1

물매화

진줏빛 눈망울로
고개 갸웃 말간 웃음
외로운 가을 산길
은은하게 밝히는
기다림의 하얀 꽃등
–「물매화」 전문

유자꽃

흰 구름이 유난히
속살대기에
초록자락 걷어내고
들여다보니
유자꽃이 새침하게
웃고 있더라

도라지꽃

나 어렸을 적
언니 손잡고
이모 집에 놀러가던 날
초록으로 일렁이던
들길 걷고 걸어
놀러 가던 날

다리 아프다 칭얼대는
동생 달래며
손짓하던 길모퉁이 끝자락
옹기종기 모여앉아
등불 비추던
보랏빛 별님들

아이고 내새끼들
먼길인디 잘도 왔당께
반기는 이모의 치맛자락에서
왈칵 터지던 쌉싸래한 향기
잔잔하게 파고드는
그리움의 보랏빛

담쟁이

삭막한 벽
어린 담쟁이
작년에 어미가 찍은
발자국 좇아
여물지 않은 발걸음으로
설리설리 따라가다

어린 유자의 꿈

유자야 유자야
어린 유자야
지금 뭐 하니?
햇살 씻어 밥을 짓고
이슬 모아 국 끓여요
별빛 무쳐 나물 하고
바람 찢어 자반 해요

유자야 유자야
어린 유자야
이젠 뭐 하니?
초록 보 곱게 펴고
담뿍담뿍 한상차림
볼 부풀려 옴막옴막
맛있게 식사해요

장하구나 유자야
어린 유자야
다음엔 뭐 할 거니?
잘 먹고 잘 자라서
황금 유자 될 거예요
건강하고 향기로운
행복 유자 될 거예요

머물다

삭막한 땅 한 자락
한 송이 외로운 꽃
홀로 찾아든 나비 한 마리
나그네 눈길 고요히 머물다

구절초에는

구절초에는
먼 산길을 돌고 돌아
홀로 하교하던
어린 소녀의 외로움이 숨어 있다

구절초에는
오래된 무덤 옆을 내달아
숨 가쁘게 벗어나던
어린 소녀의 두려움이 숨어 있다

구절초에는
흙탕물 가득한 웅덩이
이끼 낀 바위 곁에서 맴돌던
어린 소녀의 서러움이 숨어 있다

고운 가을날
구절초 앞에 서서 나는
세월의 가냘픈 목을 늘이고
어린 시절의 그리움을 듣는다

꽃무릇

내 어릴 적
고추잠자리 낮게 날고
무화과가 발그레한 잇속 드러내면
우리 집 낮은 담장 아래엔
꽃무릇이 무더기로 피어났었지

무성한 풀 사이로
탐진 줄기 쑤욱쑥 솟아올라
한 올 한 올 붉은 꽃술 뽑아내면
불꽃같은 꽃잎들이
화르르 나비 되어 날아올랐지

내 기억 속 젊은 엄마는
주변의 억센 풀들을
전사처럼 씩씩하게 쳐내며
땅 속에도 시계 있남? 때도 잘 맞춘당께
이뻐네잉 하시었지

웃는 엄마 얼굴 보기 좋아
나도 벙그레 웃으면
짙은 생풀 내음 갓 깨어난 흙냄새 너머
꽃무릇 고운 그림자가
담장에 한들한들

지금은 사라져버린
그리운 옛집
대문 밖 감나무만 홀로 살아남아
꽃무릇의 그리움을
한 알 한 알 익히고 있구나

능소화에게

사람들은 그대 사랑
애절하다 말하지만
난 아니에요
슬픈 전설보다
그대 마음 먼저 와 닿으니까요

그리도 매정한
님이건만
죽어서도 잊지 못해
꽃으로 눈 뜨려면
얼마나 깊이 사랑해야 할까요

쌓이고 쌓인
원망과 슬픔 녹여
태양 닮은 그 색깔
꽃의 영혼 빚기까지
얼마나 오랫동안 그리워했나요
죽을 만큼 사랑한 것도
그대 의지
그리움의 꽃으로 태어난 것도
그대 의지
나는 담 너머로 조용히 지켜볼 뿐이죠

청미래

여름 불볕 견디고자
두터운 잎 빚어내고
여린 열매 지키고자
뾰족한 가시 키워 냈어

건들바람 부채질에
구부러진 허리 펴고
알알이 노을 마셔
때깔 곱게 여물었지

남 해하고자 키운
잎과 가시 아니건만
날 탐하는 이들
뻣뻣하다 억세다 흉만 보더라

마지막 잎새

투명한 가을 햇발
한 올 한 올 잡아 엮어
하루하루 붉어지는
마지막 잎새야
가장 고울 때 고요히 떨어져
가을 문 닫는 열쇠가 되어라

꽃눈

붉은 갈잎은 아직도
가을 꿈에 잠겨 있는데
도톰해진 꽃눈은 벌써
봄날을 기다리고 있구나

꽃별이 되어라

음지 언덕배기에
홀로 핀 꽃 한 송이
옷깃 여민 가을의
치마폭에 묻어가
계절의 꿈하늘에 뜨는
꽃별이 되어라

억새밭에서

햇살 잡아 버무려서
가느다랗게 빚어내고
보송보송 솜털 살려
하늘가에 띄웠다

가지런히 빗어 내린
새하얀 머리카락
석양 속에 녹아 들어
은빛으로 휘날린다

바람의 속삭임에
한 몸으로 귀 기울이고
코스모스 발돋움에
한 얼굴로 웃어주고…

한마음 되고 싶어
눈높이 맞췄지만
차마 손 내밀지 못한 나는
가을을 맴도는 이방인이다

늦었어요

보고 싶다 할 때는
안 오시더니
홀로 서기 한 후에야
오시다니요
사랑도 때가 있는
법이랍니다

그 목화의 사랑법

소슬바람 불기 전에
고운 이불 꿈꾸며
솜꽃머리 네 친구들은
훌훌 떠났건만
어이하여 그대는
이제서야 꽃 피는가

이제서야 꽃 핀다고
가여워하지 말아요
하얀 눈 님 기다려
그 품에 안길 수 있다면
솜꽃 맺지 못한대도
후회는 없어요

견딜 만하다

메마른 풀밭 위
스산한 바람
올 겨울 길겠구나
몸 움츠리다 보았다
깃털 옷 입고 손 꼭 잡은
털머위 아기씨들
길겠지만 버텨볼까
어깨 쭉 펴니 견딜 만하다

게

게가 나무를
타고 오른다
네 쌍의 발 쫙 벌려
울퉁불퉁한 줄기에 끼워 넣고
부리부리한 두 눈 들어
하늘을 노려본다

게는 뻘밭만
기어야 하는 줄 알았다
평생 엎드려만 있어서
해를 사랑하지 못할 줄 알았다
그런데 번쩍 들린 두 집게발은 어느새
해 닮은 빛으로 물들어 있구나

달팽이

종일 내린 비에 하얗게
자리 편 버섯 꽃방석
오도카니 올라앉은
어린 달팽이
더듬이 세우고
세상을 검색하다

날개돋이

땅거미가 내려앉고
하늘가에 청보라색이 번지면
매미의 유충은 나무를 타고 오른다
여섯 개의 다리로
나무 둥치 더듬어 자리를 고른 뒤
조용히 때를 기다린다

툭 터지는 등껍질 사이로
까만 눈과 머리가 드러나고
구겨져 뭉친 날개 딱 붙인 몸뚱이
아슬아슬 지탱하며 힘을 모은다
끌어올린 몸체에서 날렵한 투명 날개
결 고운 갑사처럼 후르르 떨어진다

그리움의 시간 길고 긴 칠 년
사랑의 시간 겨우 칠 일
매미의 구애가
저리도 구성지고 필사적인 이유
시끄럽다 극성스럽다
타박한 게 미안하다

주어진 생에 최선을 다하는
저 매미처럼
나도 나만이 쓸 수 있는
시의 악보를 만들고 싶다
있는 그대로 들어주는 누군가를 만나
목청껏 소리 높여 노래하고 싶다

까치밥

바람의 숨결에
살얼음 끼어도
해의 비늘 켜켜이 재워
살진 까치밥

붉은 햇살 한 입
푸른 하늘물 한 모금
직박구리 까만 눈에
느긋함이 흐르다

Part 2
별빛으로
목욕하다

별을 찍으러 갔다가
별빛으로 목욕하다

–「별빛으로 목욕하다」 전문

석당간

너른 들 한가운데
우뚝 선 석당간
휘황한 옛 절 영화
마지막 기억 솟대
별의 강 고요히 흘러
단단한 설움 녹이다

별 찍는 밤

바람의 손짓에
솨아솨아
별이 내려오는 소리
바람의 속삭임에
또로롱 또로롱
별이 웃는 소리

풀벌레 소리만
그물처럼 얽히는 들판
깜깜한 밤 외투 삼아
두 손 내밀면
찰랑찰랑 차오르는
별빛의 샘

찰칵찰칵 카메라 셔터
별 부르는 소리
색실 풀어 둥그렇게
휘르르 휘르르르
동그란 렌즈에 맺히는
푸른 별보라

어깨 나란히 하고 선
크고 작은 두 그림자
별 볼 일 없을 지상에
머물고 싶은 다스한
체온으로 피어나는
별꽃 두 송이

초승달

억새 그림자에 갇힌 초승달
푸른 하늘 노 저어 별길을 열다

찰나가 이어져 별길로 흐른다

찰나가 이어져
별길로 흐른다
너무 짧아도 너무 길어도
뚝 끊어지는 별들의 발자국
조각난 한밤을
한 땀 한 땀 깁는 시간

찰나가 이어져
별길로 흐른다
단 한 점의 흔들림만 일어도
퍼져서 눈 감는 별들의 눈동자
북극성을 향해
숨 가쁘게 돌아가는 동심원의 시간

찰나가 이어져
별길로 흐른다
더도 말고 덜도 말고
육십 초마다 눈 감았다 뜨는 시간
둥근 질서로
우주의 별꽃을 피워 내는 깊고 푸른 밤

오늘밤만은

별이 흐른다
눈이 시린 오늘 하루
종일 어깨 무거운 하루

별이 흐른다
오늘밤만은 뻔뻔하게
나만을 위한 소원을 빌고 싶다

내 하고자 하는 일이
내가 사랑하는 사람 모두가
원하는 일이 되기를

내가 이룬 일을
내 사랑하는 사람 모두가
잘했다고 말해주기를

별이 흐른다
오늘밤만은 뻔뻔하게
나만을 위한 소원을 빌고 싶다

그 마음 하나만으로도

소르르 내려온 별비가
외로운 나무에 스며드는 밤
새벽은 아직 먼데
멀리서 개 짓는 소리
차르르 찰칵 차르르 찰칵
당신의 손끝에서
별타래 감기는 소리

바람 끝에 매달린 푸른 이슬
옷깃 촉촉이 적시는 밤
서늘함 밀어내며
더운 품 내어 주는 당신
그 마음 하나만으로도
별 가득한 하늘을
다 덮어버릴 것 같다

바다 끄트머리 찻집에서

소복한 등 웅크리고
가파른 물살 위에
누운 작은 짐승, 장군도

흐르는 잔물결에
돌산대교 오색 불빛 일렁이고
고운 빛 그림자 속에
진남관이 숨었다

불빛 너머로
어슴푸레 드러난 섬
흐린 선과 옅은 점으로 이어져
한 폭의 수채화로 피어나는 시간

하얀 물결 등어리 휘어
나부시 큰절 하는
바다 끄트머리 찻집 속 나는
자연이 그린 엽서 속 주인공이다

빛내림

비온 뒤끝
두터운 구름층 가르고
거침없이 쏟아지는 빛내림
우울한 바다를 끌어올려
금빛으로 웃게 했다

나도 우리 님
두터운 근심 가르고
곰실곰실 들어가
어두운 마음 환하게 밝혀주는
빛내림이 되고 싶다

비 볶는 소리

타닥타닥 툭탁툭탁
비 볶는 소리
지붕 번철 위에서
비 볶는 소리

코 박고 들여다보던
일감 내던지고
발 쭈욱 뻗으며
눈을 감는다

세사에 찌들어
푹 젖은 내 마음
빗소리에 달달 볶아
팡 터뜨리고 싶다

돌이끼꽃

천 년의 숨결을 살라먹고
바위 위로 몸을 띄운
돌이끼꽃
세월이 손을 뻗어
다독다독 잠재우다

산사의 여름

말갛게 몸 씻은 산사
돌계단 옆에 서서
시집을 꺼내들고 한 닢 한 닢
시어를 줍는다

장마 뒤끝 터져 나온
매미들의 사랑 타령
나무마다 풀꽃마다
음표처럼 걸려 있다

넘치는 빗물 보듬고
피어난 배롱나무꽃
탐스럽게 열린 소원등
배롱나무 붉은 꽃 그림자

은은한 종소리 울려 퍼지면
청명한 목탁 소리 스님의 염불
계곡물도 숨죽여
두 손 모아 합장하다

처서

아직도 더위는
넘실거리고
늦여름 햇살은
따갑기만 하다

누렇게 빛바랜
벚나무 잎사귀들
팔랑팔랑 떨어져
가을을 깨운다

잎사귀 춤 하나
가을 문 하나
잎사귀 춤 둘
가을 문 둘…

기지개 켜며
일어난 가을이
붓과 팔레트 들고
눈 깜박인다

여름의 소매 끝에
아슬아슬 매달린
갈맷빛 눈부신
처서의 오후

초가을

한낮을 달달 볶던
늦여름 무더위
갈바람 발길질에
주춤주춤 물러나고

사분사분 걸어온
서늘한 초가을이
살며시 손 뻗어
푸른 달빛 깨우다

노을, 그새 사라진

하루 종일 회색 치마 펄럭이더니
갑자기 하늘이 옷을 벗었다
불꽃으로 염색한 듯 붉은 속치마
바다 위 살랑살랑 고운 속치마

넋을 놓고 바라보다 내 모습 봤다
편한 옷 느슨한 머리
맨얼굴 맨발의… 청춘은 아니지
넌 저리 예쁜데 내 꼴이 뭐냐?

후다닥 머리 빗고 예쁜 꽃핀 찌르고
노을빛 립스틱이 어디 있더라
맨발은 그냥 두자 청춘도 아닌데
아쉽다 노을, 그새 사라진

태풍이 지나간 바다

태풍이 지나간 바다는
참으로 후덕하다
인간 세상에서 흘러들어 온
온갖 더러움을 품에 안고도
노을로 걸러내
저리도 고운 빛을 뿜어낸다
세상사 아무리 고달프다 해도
저 바다의 조각 하나만 얻는다면
환하게 웃으며 살아갈 것 같다

구월

배롱나무꽃 붉음은
아직도 선연한데
벚나무 이파리는
가을을 부르네

가을 오후

가을빛이 하도 고와
길을 나섰다
말갛게 여문 하늘에
소녀처럼 가슴이 두근거린다

하늘 아래 복잡한 세상
싸악 지우고
푸르른 색표지 위에 그리는
나만의 이상향

거침없는 붓 춤사위
산이 눕고 나무가 일어서고
펼쳐진 풀밭마다 꽃들이 머리 들고
하늘 섞어 그린 물에 물고기야 날아라

지붕 없는 너른 집에
마음 낟가리 덮어놓고
근심 지운 뇌리 속에
편히 쉬는 삶의 메트로놈

하늘 도화지에 넉넉히 채운
평화로운 한 세상 위
붓 놓고 누운 나는
휴일 오후의 작은 쉼표

순천만의 저녁

사륵사륵 쉬이이 사라락 사락–
갈대와 바람이 하나 되는 소리

점점이 붉은 꽃자리
칠면초의 날카로운 심장이
토해 내는 달뜬 숨결
타는 자리마다
숨 폴폴 올라오는
갯벌의 기지개가
풍만한 강의 잠을 흔든다

소르르 소르르르–
강이 머리 풀고 깨어나는 소리

바람 부는 날엔

바람 부는 날엔
거금대교로 가자

이천이십팔 미터의 황룡이
득량만 푸른 물에 발톱을 박고
온몸을 휘어 버티는 날…
외로운 유자색 뼈에
출렁이는 영육을 기대고
금산의 쪽빛 하늘 위로 치닫는
황룡의 푸른 숨결을 느껴보자

바람 부는 날엔
거금대교로 가자

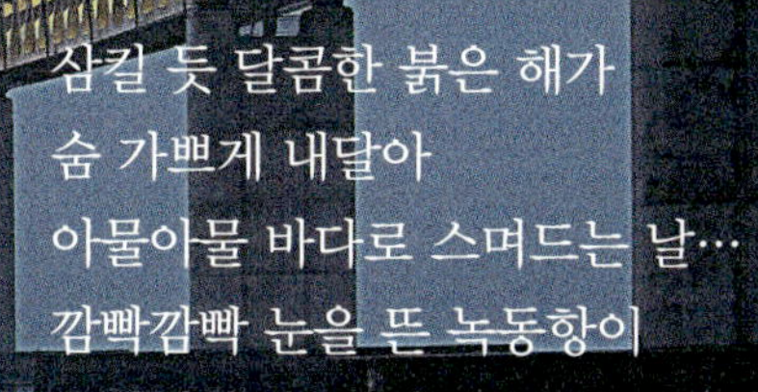

삼킬 듯 달콤한 붉은 해가
숨 가쁘게 내달아
아물아물 바다로 스며드는 날…
깜빡깜빡 눈을 뜬 녹동항이
오색의 손을 뻗어
바다에 못 박힌 황룡에게 보내는
어설픈 위로를 지켜보자

소용돌이치는 시퍼런 물살도
귀를 먹먹하게 채우는 황룡의
울부짖음도 무섭지 않은 건
쫑쫑 대며 앞장 서는
작은 새를 품고 있어서이지
삼각형 난간 사이로 안아 든
바알간 저녁놀과
노오랗게 돋아나는
조각달 때문이지

바람 부는 날엔
거금대교로 가자, 거금대교로 가자

세밑가지

세밑가지 여전히
위태로운 올 한 해
얼어붙은 불빛 숲 아래
몸 웅크리고 별꿈 꾸는 밤

싸늘한 바람 끝마다 맺힌
인간 세상 소원의 별꽃들
송이송이 날아올라
희망별비로 쏟아지기를…

Part 3

새벽 두 시

생각의 사슬에 매여
마음이 어둡다

달은 저리 밝은데

―「새벽 두 시」 전문

어울리지 못하는 외로움

어울리지 못하는 외로움은
해 질 녘 흐릿한 잔광처럼 서럽다
큰 것에 묻혔을 땐 드러나지 않을 것도
작은 무리에서는 크게 도드라진다
내가 먼저 가까이 가야 한다는 것을 알면서도
딱 한 가슴만큼 거리가
손끝을 뻗어 나를 밀어낸다

외롭다는 것은
귀가 먹먹할 만큼 시끄러운 소리 속에서
달무리의 어슴푸레한 공간처럼 조용한
거리감을 느끼는 거다

많은 이가 있는 데도
오늘은
참
외롭다, 저 스러지는 빛바랜 저녁놀처럼

산책 나온 길

방긋 웃는
봄별이 곱다
하늘과 바다가
푸른 눈짓 보내고
꽃들이 머뭇머뭇
손을 내민다

바람이 옷깃 잡고
매달리기에
못이긴 체하며
한 바퀴 더 돌았다

마음꽃

마음에 때가 끼어
탁색만 묻어날 땐
차라리
검은색으로
덮어버리자

까맣게 덮인
마음판
살살 긁어내
자갈밭에서 수석 보듯
밑바닥을 살피자

거기 어디쯤
말갛게 빛나고 있을
내 마음에게
손 내밀어
꼬옥 안아주자

거봐
사실은 너도
탁색을 뚫고 나와
한 송이 고운 꽃으로
피어나고 싶었잖아

아주 작은 일상

아주 작은 일상의 한 순간도
시가 될 수 있다
진행형이 아닌 순간의 포착

아주 작은 일상의 한 조각도
시가 될 수 있다
스침이 아닌 머무름의 한 찰나

발가락 다섯 개

쉼 없이 돌아가던
삶의 시계가
한눈팔다
깜빡 잠들었다

세상사에 얽매여
원시가 된 눈이
처음으로 근시 되어
핏줄 불거진 발에 머문다

발가락 다섯 개
꼬물꼬물
모두가 다르게
꼬물꼬물
크기도 다르고
길이도 다르고
생김새도 다른데
모두 내 맘대로 움직인다

주인의 의지에 따른
보이지 않는 자유로운 질서

종이학

빛바랜 상자
박제된 시간
세월의 묵은 내음
젊은 날의 아름다운 꿈

휴가

열심히 일한 당신 떠나라 했지만
나는 머무르기로 했다
잠옷 바람 뒹굴뒹굴 집순이 노릇
멍때리고 창밖 보며 고놈 매미 싸납네
욕심껏 사다 쟁여 둔 책도 읽고
별난 그림 그리는 구름 보고 하늘 보고

시간은 하품하며 꼬박꼬박 조는데
종종대며 달음질치는 내 마음만 신났다
미루어 두었던 많이 걷기 운동도 하고
한들한들 소담한 들꽃도 보고
그이 좋아하는 트로트도 목청껏 불러보고
둘이 같이 느긋하게 커피도 마시고

평소 하는 일이 아닌 것만 해도
이렇게 즐겁고 기분 좋아라
휴가란 할 일보다 하고 싶은 일을 하라고
깍쟁이 직장의 신이 던져준 선물
얼마 남지 않았지만
살뜰히 즐길 거야

터널 속에서

터널 속에서 보는 모든 풍경은
반원이다
한 발 앞서 달리는 천장의 불빛 따라
숨 가쁘게 달리다보면
확 다가드는 큰 반원
새롭게 열리는 미지의 세계

우리도 이렇게
삶의 터널을 지나고 있다

낚시금지

홀로 걷는 이

아직도 흘릴 눈물 남아 있었나
모시 베의 억센 결처럼
쏟아져 내리는 비
바닷물 속으로 뛰어들어
겹겹의 휘모리로 잦아든다
몸부림치는 바다는 온통 슬픔의 빛

이 비에 다리 위를 걷는 이는 누구인가
곧은 눈빛 곧은 걸음
홀로 가는 이
말은 문을 닫고 음악만 깨어
외로운 발자국 따라간다
바다 위를 가로지르는 희망의 그림자

Part 3. 새벽 두 시

불면증

창문으로 슬금슬금
기어드는 불빛
치치 차크닥 치치 차크닥
시곗바늘 달리는 소리
엎치락뒤치락 뒹굴뒹굴
밤하늘의 별보다 더 총총한
내 뉴런이 눈에 다 몰린 것 같다

팔을 들었다 다리를 들었다
손가락 발가락 열댓 번이나 세고
점점 커지는
아무 것도 아닌 큰 일
새벽 세 시
머리에 층층이 쌓이는
쓰잘데기 없는 걱정의 탑

영화 속 깊은 숲의 괴물나무처럼
스멀스멀 기어 나오는 생각의 가지
점점 두터워지는
잡념의 실꾸리
찌르르 찾아오는 잦은 요의
아, 진짜~
이놈의 망할 불면증!

기억과 추억

기억은 삶의 찰나를
찍어 모은 사진첩
까마득히 잊고 있다
사진첩 열면
한 장 한 장 떨어져
마음 곳간 속 씨앗으로 남고

추억은 삶의 찰나를
그려 모은 그림첩
까마득히 잊고 있다
그림첩 열면
한 장 한 장 날아올라
마음 하늘 위 별로 뜨고

섬

외로운 자는
저 섬을 보라
아픈 자는
저 섬을 보라
억만 년 묶인 다리
푸른 물에 담근 채
육지로 육지로
머리 들이밀다
마디마디 부러져
바위뼈로 태어나도
육지 향한 애달픈 손짓
멈추지 않는 저 섬을…

외롭다 우는 자는
이 섬을 보라
아프다 우는 자는
이 섬을 보라
외롭다 한들
이 섬만 하랴
아프다 한들
이 섬만 하랴
외롭고 아픈 섬이
그대 향해 손 뻗으니
말없이 손 내밀어
잡아 줄 일이다

퇴근하는 길

퇴근하는 길에
발걸음을 한 박자 늦추면
느릿느릿 가는
아름다운 세상이 모습을 드러낸다

햇볕에 달궈진 낡은 포터 트럭 빵집
〈진실의 빵〉이라고 쓰인 수제용 종이 간판 아래
어깨를 맞대고 나란히 앉은
젊은 빵 장수 부부
무에 그리 행복한지
휴대폰을 들여다보며 환하게 웃는다

사람들이 복작대는
버스 정류장 자투리 과일 노점상엔
제 몸만큼 커다란 가방을 둘러멘 아이가
까맣게 그을린 엄마의 얼굴에 뽀뽀하곤
갈색 머리 나풀대며 달아나고
—차 조심! 앞을 보고!
엄마의 노파심이
총총 뒤따른다

차곡차곡 쌓은 빈 광주리 위에
몇 주먹 남지 않은 푸성귀 올려놓고
꼬깃꼬깃한 천 원짜리 하나하나 펴가며
–올 추석 우리 손지 옷값은 되겄네.
할머니의 주름진 입가에는
사랑의 옹달샘이 퐁당거린다

붉은 놀이 스러지고
어둠이 그림자처럼 따라오는 밤
졸망졸망 비닐봉지에 담긴
빵 한 봉지
사과 몇 알
시든 푸성귀…
–다 있구만 뭐다러 샀디야?
어머니 말씀에
난 그저 웃기만 했다

길 잃은 새

흐릿한 회색으로
얼굴 가린 하늘
혼자 밥 먹다
문득 밥숟가락이
무거워졌다

산꼭대기 위
동그랗게 드러난
손바닥만 한 푸른 하늘
꽉 막힌 숨통이 열리는
희망의 색채

휘익–
탈출 시도하던
새 한 마리
머리 박고 골짜기로
곤두박질친다

푸른 빛 금세
회색에 먹히고
사라진 탈출구 앞에서
새는
하염없이 맴돈다

서럽다
어지러운 회색 세상
허위허위 헤맨 오늘 하루
나도 한 마리
길 잃은 새

살 타령

천고인비의 계절
살기 위해서 먹는 게 아니라
맛있어서 먹으니 큰일이다
포옥폭 볼록볼록
오동통 내 너구리
살 살 살이로구나
살 타령 한마당

요놈의 살
수납공간 만들어
차곡차곡 정리가 안 될까나
쓸모없는 호박살은
쓰레기로 배출하고
탱글탱글 명태살은
필요한데 재활용하고
그게 이녁 맘대로 되는 거냐고

콕콕 찌르고 꼬집어보고
손바닥으로 툭툭 치니 어라?
소리가 달라
벅 팅팅 퍽퍽퍽 통통통통
장단 맞춰 두드리다
헉!
그이와 눈 마주쳤다
이봐요 당신
웃으면 오늘밤 죽는 거야

아무리 봐도

하던 일이 너무 힘들어
그만 두고 싶을 때
다른 이가 하는 일을
자세히 들여다본다
보면 볼수록
쉬운 일이 하나도 없다

축 처진 어깨에 힘을 주고
하늘을 본다
내내 숙였던 고개에서
우두둑 소리가 난다
우와!
노을 참 곱다

쉴 휴, 움직일 동

눈 뜨자마자
내달리는 하루하루
때론
모든 걸 잊고
늦잠도 자 볼 일이다

깊은 숨결 속에
육신 잠재우고
마음 내던져
그렇게 한번
죽은 듯 자 볼 일이다

해야 할 것과
해야 한다고 생각하는 것
한 번쯤 내팽개친다고
까짓것
세상이 망하는 건 아닐 테지

그렇게 얻은
소중한 시간
몸 한껏 늘어뜨리고 보는
가로 눈높이의 세상은
온통 흐릿함으로 가득하다

보얀 창 너머로
빛바랜 활엽수 홍조 띤
나뭇잎들의 갸웃거림
눈만 마주쳐도
마음에 단풍이 든다

크고 작은 뱃고동 소리
창틈으로 통통 뛰어드는
짧은 햇살
충전 완료 늦춤 해제
깨어나라 내 세상!

빛

바닥 향해 끝없이
곤두박질칠 때엔
다시는 올라오지
못할 것 같았는데
밑바닥 치고 반 바퀴 도니
빛이 보이더라

올라가자 올라가자
발버둥치다
어느 순간 화악-
달라진 시야
파란 하늘 흰 구름에
눈시울 뜨겁더라

눈물

눈물이 나지 않는다
분명 슬픈데
문득
서럽게 우는 아이의
눈물이 부러워졌다

잘했다

힘들어도 앞으로
나아가길 잘했다
한 걸음 한 걸음이
이리 많이 쌓였으니

늦어도 그만두지
않길 잘했다
저렇게 목적지가
환히 보이니

보인다는 것만으로
발 딛을 힘 생기니
포기하지 않은 나
참말 잘했다

Part 4

손을 잡고

눈을 감고도
아무런 의심 없이
손을 맡길 수 있는 사람

그 사람의 손을 잡고 나는
두려움 없이 먼 길을
걷고 있다

–「손을 잡고」 전문

나이가 든다는 건

나이가 든다는 건
주전부리가 줄고 밥을 많이 먹는 거다
밥심으로 산다고 하지만
배가 고파 먹는 게 아니라
마음이 고파 먹는 거다
품 안에 끼고 있던 아이들을
떠나보내고
사랑하는 이 눈가의 잔주름에
서글픔을 삼키느라 먹는 거다

나이가 든다는 건
사랑하는 이의 속내를 들여다보는
세 번째 눈이 생기는 거다
무심코 집어 주는 물건 하나에서
말없이 밀어주는 과일 접시에서
전화하지 않아도
비 오면 데리러 오는 마음 씀씀이에서
사랑을 초월한 묵은 정을 보는 거다

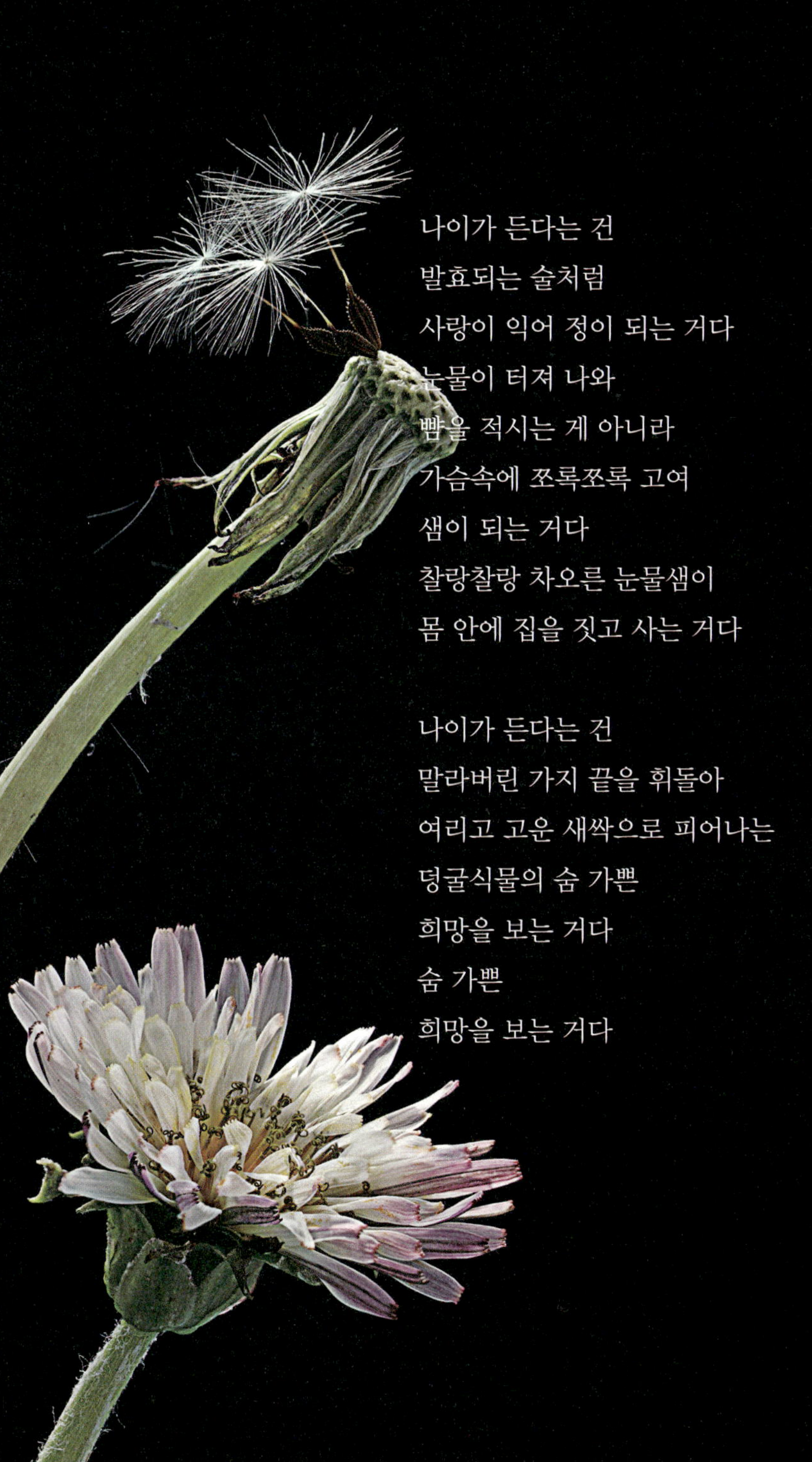

나이가 든다는 건
발효되는 술처럼
사랑이 익어 정이 되는 거다
눈물이 터져 나와
뺨을 적시는 게 아니라
가슴속에 쪼록쪼록 고여
샘이 되는 거다
찰랑찰랑 차오른 눈물샘이
몸 안에 집을 짓고 사는 거다

나이가 든다는 건
말라버린 가지 끝을 휘돌아
여리고 고운 새싹으로 피어나는
덩굴식물의 숨 가쁜
희망을 보는 거다
숨 가쁜
희망을 보는 거다

한 사람쯤은 있어야 하잖아요

내가 떠나는 사람 뒤를
따라나서지 않는 것은
그이에 대한 관심과
사랑이 식어서 그런 건 아니에요
마음 내키는 대로 훌훌 떠났다가
어느 순간 되돌아오고 싶을 때
아무런 조건 없이 기다려주는 사람이
한 사람쯤은 있어야 하잖아요

아직도 그 자리에 있을까
아직도 나를 기억할까
불안해하며 들어섰을 때
항상 그랬던 것처럼
반짝이는 수저와 더운밥을 내미는 사람이
한 사람쯤은 있어야 하잖아요

내가 떠나는 사람의 옷자락을
잡지 않는 것은
그이에 대한 관심과
사랑이 식어서 그런 건 아니에요
마음 내키는 대로 훌훌 떠났다가
어느 순간 되돌아오고 싶을 때
언제나 그 자리에서 그이를 기다려
기꺼이 맞을 수 있기 때문이에요

누군가 곁에 있다는 것

몹쓸 꿈을 꾸고
놀라 깨었을 때
누군가 곁에 있다는 것은
다행한 일이에요

어스름 달빛 내리는 창가
흔들리는 나무 그림자가 두렵지 않은 건
가만히 귀 댄 가슴에서 들리는 누군가의
규칙적인 심장 박동 때문이죠

깨우지 않아도 괜찮아요
따스한 숨결과 손끝의 온기만으로도
평화로운 꿈의 샘물에 빠져들 수 있어요

몹쓸 꿈을 꾸고
놀라 깨었을 때
누군가 곁에 있다는 것은
참으로 다행한 일이에요

그런 사람

선달 그믐날
해넘이를 같이 보고 싶은 사람
새해 첫날 아침
해돋이를 같이 맞이하고 싶은 사람

얼굴만 떠올려도
그냥 웃음이 나는 사람
갑자기 돌아봐도
눈이 마주치는 사람

좋아하는 차의 향기처럼
혀끝에 이름이 녹아 있는 사람
오래된 시집 속 네잎 클로버처럼
마음 자락마다 사진으로 찍혀 있는 사람

그런 사람이 있다면
없는 사람의 그런 사람이 되어요
그런 사람이 없다면
그런 사람이 있을 거라고 믿는 사람이 되어요

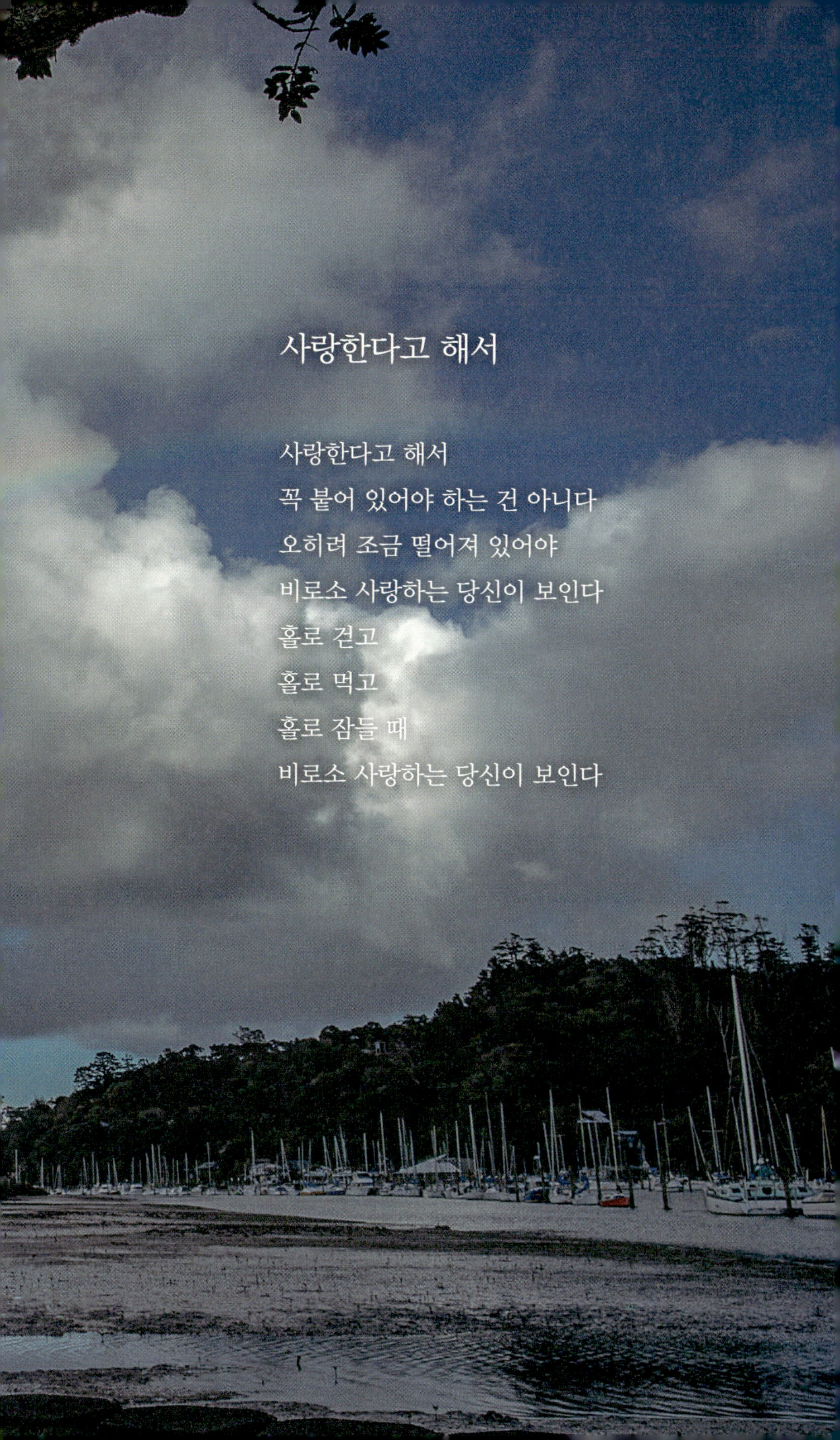

사랑한다고 해서

사랑한다고 해서
꼭 붙어 있어야 하는 건 아니다
오히려 조금 떨어져 있어야
비로소 사랑하는 당신이 보인다
홀로 걷고
홀로 먹고
홀로 잠들 때
비로소 사랑하는 당신이 보인다

당신의 이마에

이른 새벽 눈을 떠
잠든 당신 얼굴을 보다

결혼 삼십삼 년차 세월은
어느새 당신의
이마에 판화로 눌러앉고
입가에 스크래치로 남다

살며시 쓸어본 당신의 머리
먹물이 증발한 화선지 같다
무심한 세월의 하얀 밭고랑
차라락 넘어가는 은백색 풀잎…

버석한 마음 눌러 고요히 눈 감고
당신의 이마에 입 맞추다

당신이 좋은 이유

산에 갔다 품에서 내 준
이른 봄꽃 한 송이
큰 덩치 어울리지 않은
귀여운 덩실춤
땀 흘리며 짜 준
붉은 석류즙
무뚝뚝한 표정으로
툭 던진 낯간지러운 사랑 표현…

하지만
모두 핑계
그냥 당신이 좋다
저 하늘이 그냥 아름다운 것처럼

다행한 일이다

차마 말하기 힘든 일이 생겼을 때
장황한 설명 없어도
고개 끄덕여 주는 사람이 있다는 건
다행한 일이다

마음고생으로 입맛 잃었을 때
말없이 데려가
같이 밥 먹어주는 사람이 있다는 건
참으로 다행한 일이다

긴장으로 뻣뻣하게 굳은 어깨
조용히 감싸 안아
체온을 나누어 주는 사람이 있다는 건
다행한 일이다

다친 마음 좀먹어 숨쉬기 힘들 때
색깔이 같은 영혼으로 보듬어
숨결을 건네주는 사람이 있다는 건
참으로 다행한 일이다

사랑이란

사랑이란
먼지도 무거운 등산길에서
슬며시 겉옷을 받아주는 것

사랑이란
내 눈길 머문 고운 단풍을
말없이 사진으로 담아오는 것

사랑이란
추운 겨울밤 먼저 샤워해
차가운 욕실을 덥혀두는 것

사랑이란
눈 뜨기 힘든 아침 더듬더듬 손 뻗어
알람을 먼저 끄는 것

사랑이란
마음 헤아려 기꺼이 하되
생색내지 않는 것

달 통통해지면

달 통통해지면
장보기도 신나고
음식 장만도 신나고
보고픈 이 발자국 소리
하마 어디쯤
귀 쫑긋 세우며 잰걸음 하던
작년 요맘때
우다다다 달려 나가
아이고, 얼렁 와라 고생 많았제?
새벽바람 달고 온
어깨 끌어안고 싱글벙글

달 통통해지는데
장보기도 재미없고
음식 장만도 재미없고
보고픈 이 발 묶여
뒷걸음질 치는데
코로나란 놈만 신나서
깨방정 떠는구나
달 보고 달력 보고
에휴, 얼굴 잊어묵겄다
그리움 끌어안고 공연히 눈 흘기며
통통한 달 너도 싫어!

물들다

인스턴트식품도
단 것도 쓴 것도
좋아하지 않는 나

아들이 좋아했던 피자
어느새 나도
좋아하고 있었다

딸이 좋아하는 마카롱
어느새 나도
좋아하고 있다

그이가 좋아하는 에스프레소 커피
낯 찡그리지 않고
한 모금 맛본다

좋아하는 사람이 좋아하는 것
어느새 나도
시나브로 물들다

너에게

너에게 마음의 가지가
머뭇머뭇 뻗어가는 밤
글 자국이
꼭
꼭
꼭
그리움을 찍는다
잘 있니?
잘 있을 거야
그럼, 무소식이 희소식이지

하지만
가끔은
아주 가끔은
마음이 시키는 대로
줄을 뚝 끊고
냅다 몸을 던지고 싶다
돌팔매질에 날아가는
돌멩이처럼
그렇게 너에게
빛처럼 날아가고 싶다

영상통화

보고픈 이 얼굴
눈앞에 꽉 찬다
얼굴 보고 목소리 듣고
그예 뒤통수까지 봤다
참 좋은 세상이여
한마디 던지니
하하 웃는 얼굴이
보름달보다 환하다

막힌 마음 혈관
툭 터져 흐른다
그리움 녹은 물
퐁퐁 샘솟는다
머나먼 거리가
한 뼘으로 줄어든다
이제야 비로소
추석 명절 같다

마중물

딸랑구들~ 물 한 바가지!
아부지의 부름 뒤곁에 울려 퍼지면
어린 딸들은
바가지에 물 담아
비척비척 달렸지
비뚤어진 발자국마다
물자국도 담방담방 따라 달렸지

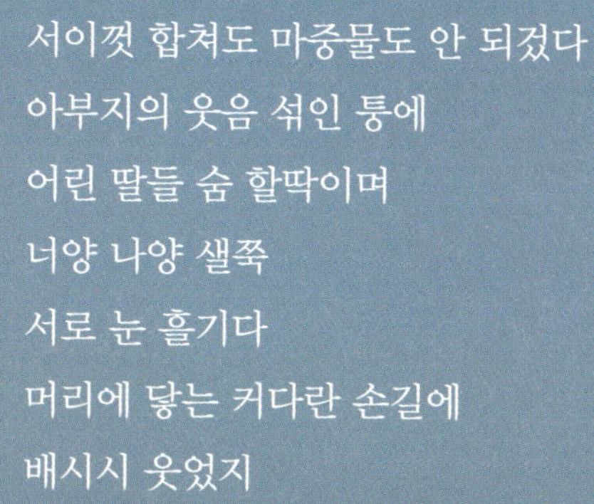

서이껏 합쳐도 마중물도 안 되겠다
아부지의 웃음 섞인 퉁에
어린 딸들 숨 할딱이며
너양 나양 샐쭉
서로 눈 흘기다
머리에 닿는 커다란 손길에
배시시 웃었지

마중물 들어간다이~
펌프 속으로 주르륵 물 들어가면
아부지 양 팔에 힘줄이 불끈불끈
찌그덕찌그덕 목마른 펌프 소리
딸들도 마른 침이 꼴딱꼴딱
쏴아아 쏟아지는 물소리 웃음소리
이제는 안 계신 아부지의 기억 마중물

모과꽃 필 때

모과꽃 필 때
입원하신 어머니
모과 노랗게 영글었는데
아직도 계신다

비대면 면회 시간
투명 차단막 마주하고
재잘대는 손녀딸 입모양 보며
어머니는 옴찔옴찔 입술 움직이신다

잠결에 손녀딸 목소리 들려
벌떡 일어나다 떨어졌는데
안 다쳤다 자랑처럼 늘어놓으며
머뭇머뭇 두 팔 뻗다 내리신다

모과 노랗게 영글었는데
아직도 계시는 어머니
내년엔 모과꽃 보며
도란도란 이야기 나누고 싶다

어머니

어머니의 '오지 마'엔
바쁜지 알지만
왔으면 좋겠다는
바람이 숨어 있다

어머니의 '괜찮다'엔
괜찮지 않지만
걱정 끼치지 않겠다는
마음이 숨어 있다

어머니의 '고마워'엔
잊지 않고 자주
생각해주면 좋겠다는
애틋함이 숨어 있다

어머니 말씀
그대로 받아들여
마음 편해지고자 하는
비겁한 내가 참 부끄럽다

아름다운 것

동 트기 시작하는 새벽 하늘빛
해 질 녘 둥글게 퍼지는 환한 오렌지색
은하수가 피어나는 깊은 여름밤
눈꽃이 하얗게 핀 오래된 나무
곧게 뻗은 나무들 사이로 쏘아져 들어오는 환한 햇살
청량한 숲 속에서 흘러나오는 새소리
늦가을 솔밭을 감도는 푸른 바람
그리고…

엄마가 내게 투자한 시간

엄마

요양병원에 계신 엄마
넉 달째 얼굴 보지 못했다
어젯밤에는
엄마 꿈을 꿨다
이제는 공장부지 속에 사라진
그리운 옛집에서
엄마는 활짝 웃고 있었다

근데 아무리 봐도
얼굴이 자세히 보이지 않았다
엄마!
부르다가 잠에서 깼다
가슴이 두근두근 뛰었다
이럴 줄 알았으면
스마트폰 사 드리고
영상통화 하는 법 알려 드릴걸

김장

초록색 탑을 쌓은
아삭한 해남배추
번쩍이는 칼날에
쫙쫙 벌어져
노오란 속살 가득
소금을 머금는다

꼬박꼬박 졸다 깨다
숨이 죽었나 뒤적뒤적
힘쓸 것은 아들 몫
어머니는 감독만 하셔
척척 씻어 쌓아대며
두런두런 아들 잔소리

때깔 고운 햇고추는
붉은색 가루로 소올솔
오동통한 청각으로
바다 한 소쿠리 들여놓고
생강, 마늘, 새우젓은
사이좋게 한 식구다

고소한 젓국은
동이에서 찰랑대고
곱게 푼 찹쌀가루
말간 풀로 보글보글

매콤하고 쌉싸름한 갓
보라색 소금물 내뿜고
당근은 고운 채 되어
소담하게 쌓인다

붓고 섞고
나르고 다듬고
버무리고 재고
담고 덮고 쌓고…
네 일 내 일 할 것 없이
완성되는 협동의 미학

입 벌리는 손녀딸에게
한 입 듬뿍
−맛있어요, 할머니
주름진 얼굴에 웃음이 활짝!

허리 아파 끙끙대다
−할머니! 인증 샷!
피곤 눌러 담고
젊은 애들 얼짱 각도

차곡차곡 담은 김치 통들
냉장고에 그득그득
−워매~ 오진 거! 일 년이 안 무서버
어머니의 일 년은
김장으로 마무리된다

참 고마운 당신

내 눈부신 푸르름의 시절
하늘로 하늘로 발돋움할 때마다
성가시게 달라붙어
귀찮기만 했는데

찬바람 불고 친구들 사라져
마음 시린 지금
바스러질 듯 마른 몸으로도
이리 굳건히 잡아주네요

점점 외롭고 쇠해질 시간
든든한 위로로 함께할 당신
남아있는 내 삶이 여전히 아름다운 건
바로 당신이 있기 때문입니다

Part 5

시와 사진이 있는 풍경

세상에서
가장 설레는 말
처음

—「처음」 중에서 —

바오밥나무

얼마나 바랐으면
얼마나 그리웠으면
감히 하늘을 넘봤을까

금지된 갈망으로
성급하게 키운 몸이
위로 위로 치솟았다

자작자작 타들어간
그대의 심장은 불잉걸 되어
온 땅을 바싹 말리었다

감히!
거대한 신의 손은
한 치의 자비도 없어

거꾸로 처박힌 머리는
어두운 절망에 갇히고
부실한 다리는
허공을 헤엄쳤다

울컥울컥 토해 낸
슬픈 정염은
저리도 불타는
노을로 태어났건만

하늘 문이 닫힌 지
그리도 오랜 세월…

그대,
땅 속에 머리 묻고
무슨 꿈을 꾸고 있는가?

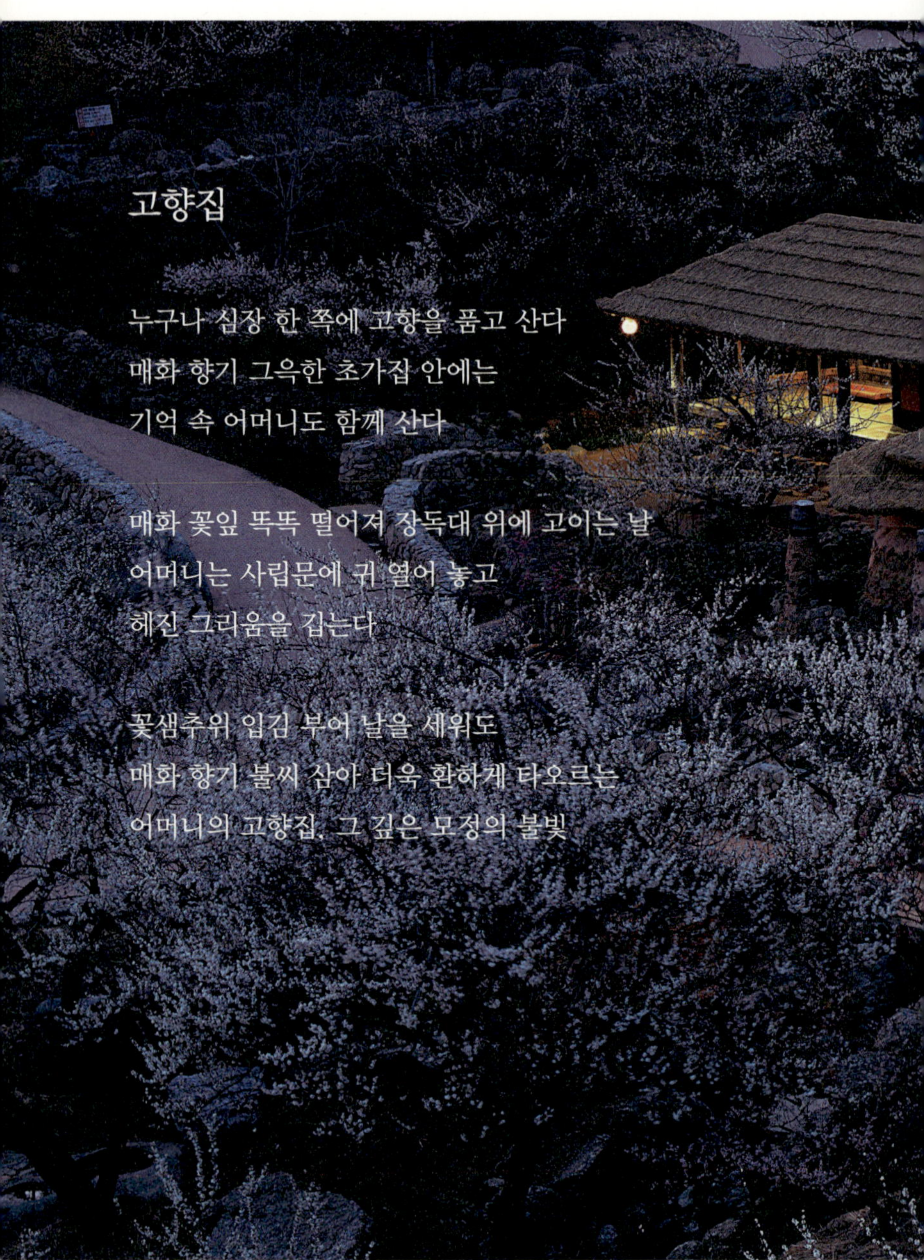

고향집

누구나 심장 한 쪽에 고향을 품고 산다
매화 향기 그윽한 초가집 안에는
기억 속 어머니도 함께 산다

매화 꽃잎 똑똑 떨어져 장독대 위에 고이는 날
어머니는 사립문에 귀 열어 놓고
헤진 그리움을 깁는다

꽃샘추위 입김 부어 날을 세워도
매화 향기 불씨 삼아 더욱 환하게 타오르는
어머니의 고향집, 그 깊은 모정의 불빛

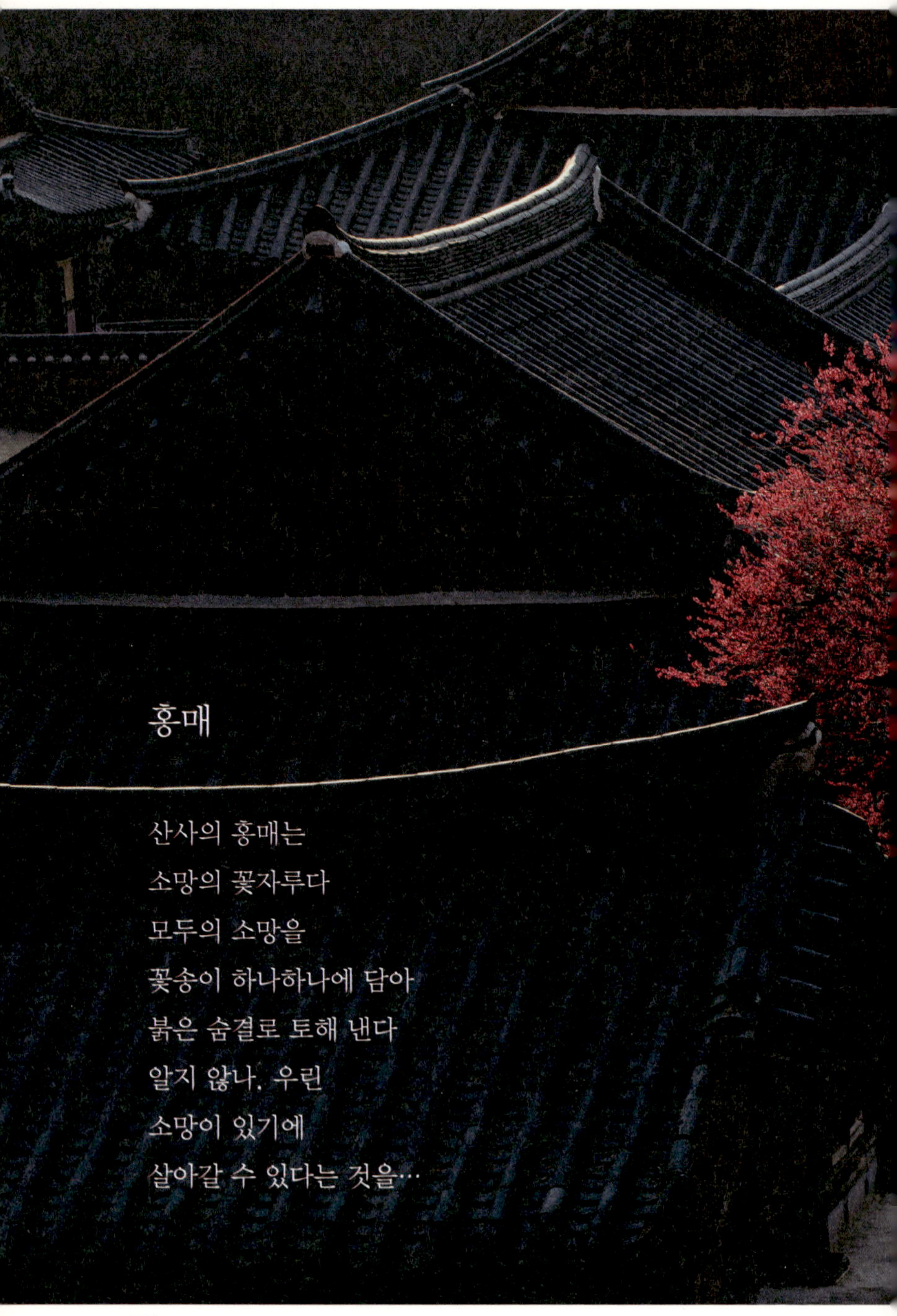

홍매

산사의 홍매는
소망의 꽃자루다
모두의 소망을
꽃송이 하나하나에 담아
붉은 숨결로 토해 낸다
알지 않나. 우린
소망이 있기에
살아갈 수 있다는 것을…

몽환

당신은 모르시죠?
안개가 사르르 꿈처럼 흐를 때면
구절초 밭에 정령이 놀러 나온다는 거

새벽녘 자욱한 안개에도
길 잃을 걱정하지 않는 건
누군가 하얀 등 들고
마중 나온다는 걸 믿기 때문이죠

난 알아요
안개가 사르르 꿈처럼 흐를 때면
구절초 밭에 정령이 놀러 나온다는 거

세월

인간은 백 년
나무는 천 년…
인내로 덧칠한 투박한 피부마다
묵은 세월이
층층이 고여 있다

세상 모든 것이
변화하며 흘러가건만
나무가 안은 세월은
진득한 앙금이 되어
여전히 천 년을 꿈꾼다

인상여강

사람과 자연이
하나가 될 때
비로소 사람은 사람
자연은 자연이 된다

설산이 웃으며
인간을 안는다
인간이 웃으며
설산을 감싼다

색색의 꿈이 흘러
부드럽게 이어지니
모두가 하나 되는
어울림의 물결

초여름

증도의 초여름은
칠면초의 속삭임과 삘기꽃의 몸짓으로
깨어납니다

짜디짠 소금 결정이 눈을 뜨고
해의 조각을 탐하는 한낮
흐드러진 봄꽃보다 더 고운 소금꽃이
하얗게 피어날 때 비로소
존재의 의미를 깨닫습니다

보고 있나요, 당신?
성큼 다가선 초여름의
눈부신 웃음을

초겨울

만연사의 초겨울은
밤새 내린 서설로 시작됩니다
홍시처럼 조롱조롱
매달린 소망들이
유난히 발갛게
볼 붉히는 날
뽀드득–
발에 밟힌 소원을 보듬을 땐
눈이 위로 날아오른답니다

새벽

소원을 빌기 가장 좋은 시간은
새벽입니다
하얗게 머리 푼 포말이
숭얼숭얼 물안개로 피어나고
홀로 깜빡이는 작은 등대가
희망을 길어 올려
빛의 동이에 채워 넣는 시간
소원을 빌기 가장 좋은 시간은
새벽입니다

공존

옛날의 한옥과
오늘날의 조형물이
포근한 안개 속에서
아름다운 하나가 됩니다
새로움과 오래됨이
서로 어울려
조화를 이룰 때 비로소
완전하게 태어납니다
평화로운 공존은
아름다움의 시작이자 끝입니다

Épilogue

그이는 사진작가다

매서운 겨울바람을 마주하고
숨 가쁘게 바다 속으로 달려가는 태양을 잡아
서러운 노을 속에 가두는
그이는 사진작가다
지금 찍는 태양은 어제보다 하루 더 묵은 태양
그이 사진 속의 태양은 지금의 태양
순간을 잡아 영원을 가두는 자
그이는 사진작가다

광활한 자연을
작은 프레임에 담으려고
무거운 장비도 마다하지 않고 두 발로 뛰는
그이는 사진작가다
지금 찍는 자연은 어제보다 하루 더 변한 자연
그이 사진 속의 자연은 지금의 자연
순간을 잡아 영원을 가두는 자
그이는 사진작가다

-소민과 라휘의 시와 사진이 있는 풍경-

꽃별이 되어라

초판 1쇄 2021년 09월 30일

지은이 박선숙, 권정열
발행인 김재홍
총괄/기획 전재진
마케팅 이연실
디자인 현유주

발행처 도서출판지식공감
브랜드 문학공감
등록번호 제2019-000164호
주소 서울특별시 영등포구 경인로82길 3-4 센터플러스 1117호{문래동1가}
전화 02-3141-2700
팩스 02-322-3089
홈페이지 www.bookdaum.com
이메일 bookon@daum.net

가격 13,000원
ISBN 979-11-5622-623-9 03810